Wimmelspaß

Frühlingszeit

W0370990

CARLSEN

Es wird Frühling

Es ist Frühling im Wimmelwald.
Die Tiere machen fleißig
Frühjahrsputz! Und jemand ganz
Besonderes kommt ins Dorf.
Erkennst du ihn?

der Käfer

der Wäschekorb

der Kaktus

die Tulpe

die Leiter

der Elch

Auf dem Markt geht es geschäftig zu. Doch hoppla, Willi Wolf, pass auf, wo du hinfährst! Jetzt muss Herr Frosch neue Farbe besorgen.

Auf dem Markt

das Bonbon

die Teekanne

der Farbtopf

der Biber

die Osterglocke

der Igel

Auch im Kindergarten freut man sich auf Ostern. Es werden Eier ausgepustet und Blumenkränze geflochten. Und wer läuft da ganz eilig am Kindergarten vorbei?

Im Kindergarten

das Vogelnest

der Maulwurf

die Schaufel

das Ei

der Marienkäfer

die Wippe

Zu Hause werden die letzten Vorbereitungen fürs Osterfest getroffen. Aber hat sich da jemand in der Jahreszeit geirrt?

Bald ist Ostern

das Geschenk

die Schatztruhe

der Fernseher

das Buch

der Specht

die Nachttischlampe

Es ist Abend geworden und alle feiern, singen oder rösten leckeres Stockbrot am Osterfeuer. Nur einer ist noch ganz fleißig. Siehst du ihn?

Am Osterfeuer

der Dachs

das Lagerfeuer

die Tasse

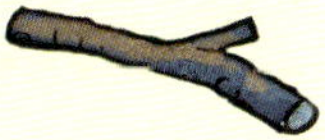

der Stock

die Maus

der Feuerwehrmann

Endlich Ostersonntag! Die Tierkinder suchen im ganzen Wald nach Ostereiern. Und was macht der Osterhase?

Endlich ist Ostern

der Fußball

die Laterne

der Schmetterling

das Osternest

die Osterglocke

der Regenwurm

Ein toller Tag beginnt im Osterhasenland! Der kleine Osterhase Moritz hat schon seinen Malkasten ausgepackt. Er möchte später einmal Ostereiermaler werden.

Bei den Osterhasen

die Marmelade

die Uhr

der Pinsel

die Butter

der Malkasten

die Teekanne

Jetzt aber schnell! Die erste Stunde in der Hasenschule hat gerade angefangen! Der kleine Osterhase möchte wohl auch in die Schule gehen.

In der Hasenschule

das Rotkehlchen

der Löwenzahn

das Schulheft

die Schnecke

der Ball

der Igel

Eingang
Zum Hühnerstall
Waschanlage

Moritz staunt: Da ist ja eine Ostereier-Malmaschine! Hier wird blitzschnell gewaschen, geföhnt und angepinselt. Ups, da ist wohl ein Hasenkind mit einem Ei verwechselt worden!

In der Ostereier-Werkstatt

die Lampe

der Hase

das Küken

die Kanne

das Hühnerei

der Eimer

Die Osterhasen sind spät dran.
Es wird noch eifrig gepinselt und versteckt. Und der kleine Osterhase Moritz ist schon richtig aufgeregt.

Letzte Vorbereitungen

das Zelt

die Fledermaus

die Ente

die Seerose

die Straßenlaterne

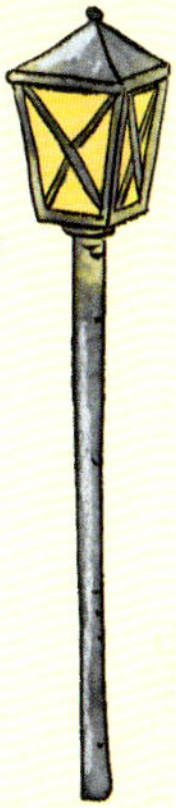

der Eierkorb

Puh, geschafft! Alle Ostereier sind verteilt und die Kinder sind begeistert. Auch Moritz möchte mitsuchen. Wer wohl die meisten Ostereier findet?

Beim Ostereier-suchen

das Tor

die Oma

das Osterei

das Vogelhäuschen

der Kinderwagen

der Hüpfball

Entdeckst du diese Bildausschnitte im Buch?